WEBER'S BASICS

AUTOR: JAMIE PURVIANCE
FOTOS: FRANK WEYMANN

UMSCHLAGKLAPPEN

Erfolgstipps

Die besten Kombis

Grill vorbereiten: *Step by Step*

Grundausstattung: *Basics für den Grillstart*

Zubehör: *Wichtige Grillhelfer*

Hitze regulieren: *Step by Step*

DIE GU-QUALITÄTS-GARANTIE

Wir möchten Ihnen mit den Informationen und Anregungen in diesem Buch das Leben erleichtern und Sie inspirieren, Neues auszuprobieren. Bei jedem unserer Bücher achten wir auf Aktualität und stellen höchste Ansprüche an Inhalt, Optik und Ausstattung. Alle Rezepte und Informationen werden von unseren Autoren gewissenhaft erstellt und von unseren Redakteuren sorgfältig ausgewählt und mehrfach geprüft. Deshalb bieten wir Ihnen eine 100 %ige Qualitätsgarantie.

Darauf können Sie sich verlassen:
Wir legen Wert darauf, dass unsere Kochbücher zuverlässig und inspirierend zugleich sind.
Wir garantieren:

- dreifach getestete Rezepte
- sicheres Gelingen durch Schritt-für-Schritt-Anleitungen und viele nützliche Tipps
- eine authentische Rezept-Fotografie

Wir möchten für Sie immer besser werden:
Sollten wir mit diesem Buch Ihre Erwartungen nicht erfüllen, lassen Sie es uns bitte wissen! Wir tauschen Ihr Buch jederzeit gegen ein gleichwertiges zum gleichen oder ähnlichen Thema um. Nehmen Sie einfach Kontakt zu unserem Leserservice auf. Die Kontaktdaten unseres Leserservice finden Sie am Ende dieses Buches.

GRÄFE UND UNZER VERLAG
Der erste Ratgeberverlag – seit 1722.

INHALT

GRILLSPASS FÜR EINSTEIGER

LOS GEHT'S!

Nehmen Sie Platz am Modern Fire und lassen Sie sich begeistern!
Wir freuen uns, dass Sie dieses Buch in den Händen halten und offensichtlich neugierig geworden sind, was es mit dem Weber Grillen denn so auf sich hat. Wir versprechen Ihnen: Sie werden in neue Welten entführt.

Selbst wenn Sie bisher wenig für's Kochen übrig hatten,
Grillen ist so viel mehr als die Zubereitung von Speisen, es ist Beisammensein mit Familie, Freunden oder Kollegen, Lebensfreude, Spaß im Freien, Zeit zum Entspannen, Grillen ist pure Lebens- und Genießerlust!

Unser ***Grillexperte Jamie Purviance,*** *der die Basic-Rezepte dieses Buchs entwickelt hat, macht es Ihnen einfach. Er stellt die einzelnen Arbeitsschritte ausführlich dar und ermöglicht damit auch Grilleinsteigern und ungeübten Grillfans die problemlose Zubereitung der Gerichte.*

Stellen Sie den Grill auf, *fangen Sie bei etwas so Einfachem wie einem Burger an, binden Sie andere in Ihre Entdeckerfreude am Grill mit ein und wagen Sie sich in immer neue Grillhöhen.*

Kümmern Sie sich um ein wunderbares Feuer,
trommeln Sie Ihre Leute zusammen und dann geht's einfach los: ein Königreich für einen glühend heißen Rost!

FLEISCH & WURST

Ob Grillneuling, Seltengriller oder Bequemgriller – mit diesen Basics und Rezeptklassikern rund um Fleisch und Wurst wird garantiert nichts schiefgehen.

KLASSISCHER CHEESEBURGER

Puristen unter den Burger-Fans verwenden ausschließlich pikanten Cheddarkäse für Cheeseburger, aber wie so oft beim Grillen gilt auch hier: Make it your own! Blauschimmelkäse zum Beispiel schmeckt ebenfalls ganz köstlich.

FÜR 4 PERSONEN / ZUBEREITUNGSZEIT: 20 MIN. / GRILLZEIT: 8–10 MIN.
ZUBEHÖR: GRILLWENDER, DIGITALES THERMOMETER

FÜR DIE PATTYS

- *700 g Rinderhackfleisch (20 % Fettgehalt)*
- *2 TL Worcestersauce*
- *2 TL Salz*
- *1 TL frisch gemahlener schwarzer Pfeffer*

AUSSERDEM

- *4 Burger-Brötchen, aufgeschnitten*
- *3 EL weiche Butter*
- *4 dünne Scheiben pikanter Cheddar*
- *4–8 Salatblätter (z. B. Kopfsalat)*
- *8 Tomatenscheiben*
- *Tomatenketchup (nach Belieben)*
- *16 eingelegte Dillgurkenscheiben*

1. In einer mittelgroßen Schüssel die Patty-Zutaten vermengen. Aus der Hackfleischmasse vier gleich große, 2 cm dicke Pattys formen. Mit dem Daumen oder einem Löffelrücken in die Mitte der Pattys jeweils eine flache, 2 cm breite Vertiefung drücken, damit sich die Pattys während des Grillens nicht hochwölben. Pattys bis zum Grillen zugedeckt kalt stellen.

2. Den Grill für direkte mittlere Hitze (etwa 200 °C) vorbereiten.

3. Den Grillrost mit der Bürste säubern. Die Schnittflächen der Brötchen mit Butter bestreichen. Die Pattys über **direkter mittlerer Hitze** bei geschlossenem Deckel 8–10 Min. grillen, bis sie halb durch bzw. medium sind bei einer Kerntemperatur von 71 °C. Dabei die Pattys einmal wenden, sobald sie sich leicht vom Rost lösen lassen, ohne haften zu bleiben. Während der letzten 30–60 Sek. bei geschlossenem Deckel jeweils 1 Scheibe Käse auf den Pattys schmelzen lassen und die Brötchen mit den Schnittflächen nach unten über direkter Hitze rösten. Die Zutaten vom Grill nehmen.

4. Zwischen die Brötchenhälften jeweils 1–2 Salatblätter, 1 Patty mit geschmolzenem Käse und 2 Tomatenscheiben geben, nach Belieben mit Ketchup würzen und mit je 4 Gurkenscheiben belegen. Die Burger warm servieren.

DAZU PASST:
Maiskolben mit Chilibutter (siehe Seite 69)
Gegrillte grüne und gelbe Zucchini mit Pesto (siehe Seite 70)

KLASSISCHE RIB EYE STEAKS

Simple Zubereitung, wunderbares Ergebnis: Das klassische, gut marmorierte US-Steak steht für kernigen, würzigen Rindfleischgeschmack.

FÜR 4 PERSONEN / ZUBEREITUNGSZEIT: 5 MIN. / RUHEZEIT: 20–30 MIN.
GRILLZEIT: 6–8 MIN. / ZUBEHÖR: GRILLZANGE, DIGITALES THERMOMETER

- *4 Rib Eye Steaks ohne Knochen (je 280 g schwer und 2 cm dick), überschüssiges Fett entfernt*
- *4 TL Olivenöl*
- *2 TL Salz*
- *1 TL frisch gemahlener schwarzer Pfeffer*

DAS RIB EYE STEAK AUS DER HOCHRIPPE DES RINDS IST DAS US-AMERIKANISCHE PENDANT ZUM FRANZÖSISCHEN ENTRECÔTE.

1. Die Steaks auf beiden Seiten mit je 1 TL Öl bestreichen und gleichmäßig mit Salz und Pfeffer würzen. Vor dem Grillen bei Raumtemperatur 20–30 Min. ruhen lassen.

2. Den Grill für direkte und indirekte mittlere bis starke Hitze (200–230 °C) vorbereiten.

3. Den Grillrost mit der Bürste säubern. Die Steaks über **direkter mittlerer bis starker Hitze** bei geschlossenem Deckel bis zum gewünschten Gargrad grillen, 6–8 Min. für rosa/rot bzw. medium rare bei einer Kerntemperatur von 52–57 °C. Dabei einmal wenden. (Bei Flammenbildung die Steaks vorübergehend über indirekte Hitze legen und die Grillzeit um etwa 1 Min. verlängern.) Die Steaks vom Grill nehmen und vor dem Aufschneiden 3–5 Min. nachziehen lassen.

DAZU PASST:
Grüner Spargel mit Zitronendressing und Pinienkernen (siehe Seite 72)
Kartoffeln vom Grill mit Käsesauce (siehe Seite 74)

RUMPSTEAKS IN DER PFEFFERKRUSTE MIT MEERRETTICHSAUCE

In den USA wird dieser Steak-Cut New York Strip Steak oder auch Strip Loin genannt. Der typische Fettrand macht das Fleisch besonders saftig.

FÜR 4 PERSONEN / ZUBEREITUNGSZEIT: 10 MIN. / GRILLZEIT: 6–8 MIN.
ZUBEHÖR: GRILLZANGE, DIGITALES THERMOMETER

FÜR DIE SAUCE
- *120 g Schmand*
- *2 EL Tafelmeerrettich*
- *1 TL frisch gepresster Zitronensaft*
- *½ TL Dijon-Senf*
- *¼ TL Salz*

FÜR DIE WÜRZMISCHUNG
- *1½ EL Salz*
- *4 EL grob zerstoßene schwarze Pfefferkörner*

FÜR DAS FLEISCH
- *4 Rumpsteaks (je 300 g schwer und 3 cm dick)*
- *2 EL Olivenöl*

1. Für die Sauce in einer kleinen Schüssel den Schmand mit den restlichen Saucenzutaten glatt rühren. Zugedeckt bis zum Servieren in den Kühlschrank stellen.

2. Für die Würzmischung in einer zweiten kleinen Schüssel Salz und zerstoßene Pfefferkörner vermengen.

3. Den Fettrand der Steaks an mehreren Stellen einschneiden, dabei aber nicht ins Fleisch schneiden. Die Steaks auf beiden Seiten mit dem Olivenöl bestreichen und gleichmäßig mit der Würzmischung bestreuen. Vor dem Grillen bei Raumtemperatur 20–30 Min. ruhen lassen.

4. Den Grill für direkte starke Hitze (230–290 °C) vorbereiten.

5. Den Grillrost mit der Bürste säubern. Die Steaks über **direkter starker Hitze** bei geschlossenem Deckel bis zum gewünschten Gargrad grillen, 6–8 Min. für rosa/rot bzw. medium rare bei einer Kerntemperatur von 52–57 °C. Dabei die Steaks einmal wenden. Vom Grill nehmen und 3–5 Min. nachziehen lassen.

6. Die Steaks warm mit der Meerrettichsauce servieren.

DAZU PASST:
Maiskolben mit Chilibutter (siehe Seite 69)
Gegrillte grüne und gelbe Zucchini mit Pesto (siehe Seite 70)
Kartoffeln vom Grill mit Käsesauce (siehe Seite 74)

FLANK STEAK MIT ARGENTINISCHER CHIMICHURRI-SAUCE

Das in den USA sehr beliebte Steak sollten Sie unbedingt mal probieren. Der in Frankreich als Bavette de Flanchet bekannte Cut ist auf dem Grill im Nu zubereitet.

FÜR 4 PERSONEN / ZUBEREITUNGSZEIT: 20 MIN. / RUHEZEIT: 20–30 MIN.
GRILLZEIT: 6–8 MIN. / ZUBEHÖR: GRILLZANGE, DIGITALES THERMOMETER

FÜR DIE SAUCE

- *3 große Knoblauchzehen, in Stücke geschnitten*
- *1 TL zerstoßene rosa Pfefferbeeren*
- *½ TL gemahlener Kreuzkümmel*
- *½ TL Salz*
- *½ TL Zucker*
- *30 g glatte Petersilienblätter*
- *2 EL frisch gepresster Zitronensaft*
- *80 ml Olivenöl*

FÜR DAS FLEISCH

- *3 große Knoblauchzehen, fein gehackt*
- *2 TL Salz*
- *1 TL frisch gemahlener schwarzer Pfeffer*
- *3 EL Olivenöl*
- *1 Flank Steak (aus der Rinderdünnung/Flanke geschnitten; 700 g schwer und 2 cm dick), überschüssiges Fett entfernt*

1. Für die Sauce den Knoblauch mit rosa Pfefferbeeren, Kreuzkümmel, Salz und Zucker im Blitzhacker fein hacken. Petersilie und Zitronensaft zufügen und die Petersilie grob hacken. Langsam das Öl untermixen, bis eine gleichmäßige, noch leicht stückige Sauce entstanden ist. Die Chimichurri-Sauce in eine Servierschale geben und zugedeckt bei Raumtemperatur bis zum Servieren beiseitestellen.

2. Für das Fleisch in einer kleinen Schüssel den fein gehackten Knoblauch mit Salz, Pfeffer und Olivenöl mischen. Das Steak auf beiden Seiten mit dem Knoblauchöl bestreichen, dann Öl und Gewürze ins Fleisch massieren. Das Flank Steak vor dem Grillen bei Raumtemperatur 20–30 Min. ruhen lassen.

3. Den Grill für direkte mittlere bis starke Hitze (200–230 °C) vorbereiten.

4. Den Grillrost mit der Bürste säubern. Das Steak über **direkter mittlerer bis starker Hitze** bei geschlossenem Deckel bis zum gewünschten Gargrad grillen, 6–8 Min. für rosa/rot bzw. medium rare bei einer Kerntemperatur von 55 °C. Dabei das Steak ein- bis zweimal wenden. Vom Grill nehmen und 5 Min. nachziehen lassen.

5. Das Steak quer zur Faser in etwa 5 mm dicke Scheiben schneiden und auf einer Servierplatte oder einzelnen Tellern anrichten. Die Chimichurri-Sauce über die Steakscheiben löffeln und sofort servieren.

DAZU PASST:
Gegrillte grüne und gelbe Zucchini mit Pesto (siehe Seite 70)
Grüner Spargel mit Zitronendressing und Pinienkernen (siehe Seite 72)
Kartoffeln vom Grill mit Käsesauce (siehe Seite 74)

T-BONE-STEAKS MIT ROTWEIN-SCHALOTTEN-BUTTER

Ein absolutes Highlight für Steakliebhaber ist dieser Klassiker amerikanischer Steakkultur, der aus einem Anteil Roastbeef und einem kleineren Anteil Filet besteht. Der große T-förmige Knochen zwischen Filet und Roastbeef verleiht den Steaks einen intensiven Fleischgeschmack.

FÜR 4 PERSONEN / ZUBEREITUNGSZEIT: 30 MIN. PLUS KÜHLZEIT / GRILLZEIT: 10–16 MIN.
ZUBEHÖR: GRILLZANGE, DIGITALES THERMOMETER

FÜR DIE BUTTER

- *120 ml kräftiger Rotwein (z. B. Rioja)*
- *1 Schalotte, fein gewürfelt*
- *1 TL Aceto balsamico*
- *60 g weiche Butter*
- *¼ TL Salz*

FÜR DIE WÜRZMISCHUNG

- *4 TL frisch gemahlener schwarzer Pfeffer*
- *2 TL Salz*
- *½ TL Zwiebelpulver*

FÜR DAS FLEISCH

- *3 T-Bone-Steaks (je 500 g schwer und 3 cm dick)*
- *3 EL Olivenöl*

WENN DIE STEAKS ÜBER INDIREKTER HITZE FERTIG GAREN, SOLLTEN IHRE FILETSEITEN VON DER HEISSEN GLUT ABGEWANDT AUF DEM ROST LIEGEN.

Bild 1: Butter in der Folie hin und her rollen.

Bild 2: Die Folienenden wie Bonbonpapier verdrehen.

1. In einem kleinen Topf den Wein mit Schalottenwürfeln und Essig auf mittlerer bis hoher Stufe aufkochen. Anschließend auf mittlerer Stufe 6–10 Min. im offenen Topf köcheln lassen, bis die Schalottenwürfel weich sind und der Wein fast vollständig eingekocht ist. Vom Herd nehmen und auskühlen lassen.

2. Die Butter in kleine Würfel schneiden und in der Schüssel der Küchenmaschine verteilen. Das Salz darüberstreuen und die ausgekühlte Schalottenmischung dazugeben. Mixen, bis sich die Zutaten verbunden haben. Die Schalottenbutter auf ein Stück Frischhaltefolie geben und zu einem 4 cm dicken Zylinder formen. Fest in die Folie einwickeln und auf der Arbeitsfläche hin und her rollen, bis eine gleichmäßig geformte Rolle entstanden ist (Bild 1). Anschließend die Folienenden wie Bonbonpapier mehrmals verdrehen (Bild 2). Die Butterrolle im Kühlschrank fest werden lassen. (Die Schalottenbutter kann bis zu 3 Tage im Voraus zubereitet werden. Im Gefriergerät hält sie sich bis zu 1 Monat.)

3. Die Zutaten für die Würzmischung vermengen. Die Steaks auf beiden Seiten mit je 1 EL Öl bestreichen und gleichmäßig mit der Würzmischung bestreuen. Steaks vor dem Grillen bei Raumtemperatur 30 Min. ruhen lassen.

Bild 3: Filet und Roastbeef vom Knochen lösen.

Bild 4: Das Fleisch quer zur Faser aufschneiden.

4. Den Grill für direkte und indirekte mittlere bis starke Hitze (200–230 °C) vorbereiten.

5. Den Grillrost mit der Bürste säubern. Die Steaks über **direkter mittlerer bis starker Hitze** bei geschlossenem Deckel 6–8 Min. grillen. Dabei einmal wenden. Anschließend über **indirekte mittlere bis starke Hitze** legen und die Steaks bei geschlossenem Deckel bis zum gewünschten Gargrad weitergrillen, 4 Min. für blutig bzw. rare bei einer Kerntemperatur von 49–52 °C, 8 Min. für rosa/rot bzw. medium rare bei einer Kerntemperatur von 52–57 °C. Achten Sie darauf, dass die Filetseiten von der heißen Glut abgewandt auf dem Rost liegen, damit sie nicht übergart werden. Steaks vom Grill nehmen.

6. Die Steaks mit dünnen Scheiben der Rotwein-Schalotten-Butter belegen und 5 Min. nachziehen lassen. Filet und Roastbeef jeweils vom Knochen lösen (Bild 3), das Fleisch quer zur Faser in Scheiben schneiden (Bild 4), mit weiterer Butter belegen und warm servieren.

DAZU PASST:

Maiskolben mit Chilibutter (siehe Seite 69)
Gegrillte grüne und gelbe Zucchini (ohne Pesto; siehe Seite 70)
Grüner Spargel (ohne Zitronendressing und Pinienkernen; siehe Seite 72)

LAMMKOTELETTS MIT MAROKKANISCHEM PESTO

Lammfleisch sollte immer à point, also im Kern rosafarben, gegart werden. Durchgebraten verliert es seinen aromatischen Geschmack und wird trocken.

FÜR 4 PERSONEN / ZUBEREITUNGSZEIT: 20 MIN. / RUHEZEIT: 20–30 MIN.
GRILLZEIT: 4–6 MIN. / ZUBEHÖR: GRILLZANGE, DIGITALES THERMOMETER

FÜR DAS PESTO
- *15 g Korianderblätter*
- *3 EL glatte Petersilienblätter*
- *2 große Knoblauchzehen, grob in Stücke geschnitten*
- *1 TL gemahlener Kreuzkümmel*
- *½ TL Salz*
- *¼ TL frisch gemahlener schwarzer Pfeffer*
- *1 kräftige Prise Cayennepfeffer*
- *4 EL Olivenöl*
- *2 EL frisch gepresster Zitronensaft*

FÜR DAS FLEISCH
- *2 TL gemahlener Kreuzkümmel*
- *1½ TL frisch gemahlener schwarzer Pfeffer*
- *1½ TL Salz*
- *12 Stielkoteletts vom Lamm (je etwa 2 cm dick), überschüssiges Fett entfernt*
- *3 EL Olivenöl*

1. Für das Pesto Koriander, Petersilie und Knoblauch mit Kreuzkümmel, Salz, schwarzem Pfeffer und Cayennepfeffer im Blitzhacker fein hacken. Nach und nach das Olivenöl und den Zitronensaft untermixen, bis sich die Zutaten gut verbunden haben. Das Pesto sofort verwenden oder in einem Schraubglas bis zu 3 Tage im Kühlschrank aufbewahren (vor dem Servieren Raumtemperatur annehmen lassen).

2. In einer kleinen Schüssel Kreuzkümmel, Pfeffer und Salz mischen. Die Koteletts auf beiden Seiten mit dem Öl bestreichen, anschließend gleichmäßig mit den Gewürzen bestreuen. Vor dem Grillen bei Raumtemperatur 20–30 Min. ruhen lassen.

3. Den Grill für direkte starke Hitze (230–290 °C) vorbereiten.

4. Den Grillrost mit der Bürste säubern. Die Lammkoteletts über **direkter starker Hitze** bei geschlossenem Deckel bis zum gewünschten Gargrad grillen, 4–6 Min. für rosa/rot bzw. medium rare bei einer Kerntemperatur von 55–57 °C. Dabei einmal wenden. Vom Grill nehmen und 3–5 Min. nachziehen lassen.

5. Die Koteletts auf vorgewärmten Tellern anrichten, jeweils etwas Pesto darüberlöffeln und warm servieren.

DAZU PASST:
Kartoffeln vom Grill (ohne Käsesauce; siehe Seite 74)

SCHWEINESTEAKS MIT APFELKOMPOTT

Das süße und zugleich säuerliche Aroma von Äpfeln passt besonders gut zu herzhaftem Schweinefleisch. Eine echte Überraschung für den Gaumen!

FÜR 4 PERSONEN / ZUBEREITUNGSZEIT: 35–40 MIN. / PÖKELZEIT: 1–2 STD.
GRILLZEIT: 8–10 MIN. / ZUBEHÖR: GRILLZANGE, DIGITALES THERMOMETER

FÜR DIE LAKE

- *2 EL Salz*
- *1 gehäufter EL Vollrohrzucker*
- *2 TL fein gehackter Ingwer*
- *3 Gewürznelken*
- *1 Lorbeerblatt*
- *350 ml Apfelsaft, gut gekühlt*

FÜR DAS FLEISCH

- *4 Schweinelendensteaks (je etwa 200 g schwer und 2 cm dick)*
- *2 EL Olivenöl*

FÜR DAS KOMPOTT

- *1 kg säuerliche Äpfel (z. B. Granny Smith, Pink Lady oder Braeburn), geschält, entkernt und in 2 cm große Stücke geschnitten*
- *2 gehäufte EL Vollrohrzucker*
- *1 EL plus 1 TL frisch gepresster Zitronensaft*
- *½ TL gemahlener Zimt*
- *¼ TL Salz*
- *1 Prise geriebene Muskatnuss*

LAKEN DRINGEN TIEF INS FLEISCH EIN UND MACHEN ES SO SAFTIGER UND AROMATISCHER – VORAUSGESETZT, DAS FLEISCH IST VOLLSTÄNDIG VON LAKE BEDECKT.

Bild 1: Die Schweinesteaks in die Lake legen.

Bild 2: Die Äpfel weich, aber nicht zu Mus kochen.

1. Für die Lake in einem kleinen Topf 120 ml Wasser aufkochen. Salz, Zucker, Ingwer, Nelken und Lorbeerblatt hineingeben und rühren, bis Salz und Zucker aufgelöst sind. Den Topf vom Herd nehmen. Den Topfinhalt in eine große hitzefeste Schüssel gießen und 10 Min. abkühlen lassen. Anschließend den kalten Apfelsaft einrühren. Die Schweinesteaks einlegen (Bild 1) und mit einem Teller beschweren, damit sie untergetaucht bleiben. Die Schüssel abgedeckt 1–2 Std. in den Kühlschrank stellen.

2. Inzwischen für das Kompott die Apfelstücke mit 60 ml Wasser in einen mittelgroßen Topf geben. Auf mittlerer bis hoher Stufe unter häufigem Rühren zum Köcheln bringen, dann bei mittelschwacher Hitze zugedeckt 15–20 Min. garen, bis die Apfelstücke weich, aber noch nicht zu Mus verkocht sind (Bild 2), dabei das Kompott regelmäßig umrühren.

3. Zucker, 1 EL Zitronensaft, Zimt, Salz und Muskatnuss unter das Apfelkompott mischen und das Kompott zugedeckt weitere 3 Min. garen. Vom Herd nehmen und den restlichen 1 TL Zitronensaft einrühren. Den Topf mit leicht geöffnetem Deckel beiseitestellen.

Bild 3: Die Steaks mit der Grillzange wenden.

Bild 4: Das Fleisch soll im Kern noch leicht rosa sein.

4. Den Grill für direkte mittlere Hitze (175–230 °C) vorbereiten.

5. Den Grillrost mit der Bürste säubern. Die Steaks aus der Lake nehmen und trocken tupfen. Die Lake entsorgen. Steaks auf beiden Seiten dünn mit 2 EL Olivenöl bestreichen und über **direkter mittlerer Hitze** bei geschlossenem Deckel 8–10 Min. grillen, dabei mit der Grillzange einmal wenden (Bild 3), bis sie im Kern noch leicht rosa sind (Bild 4) bei einer Kerntemperatur von 63 °C. Vom Grill nehmen und 3–5 Min. nachziehen lassen. Mit dem warmen Apfelkompott sofort servieren.

DAZU PASST:

Gegrillte grüne und gelbe Zucchini mit Pesto (siehe Seite 70)
Grüner Spargel mit Zitronendressing und Pinienkernen (siehe Seite 72)

SCHWEINEKOTELETTS MIT ESPRESSOKRUSTE

Die Espressokruste verleiht auch Steaks oder Hähnchenschenkeln eine besondere Note. Also am besten gleich die doppelte Menge Würzmischung zubereiten …

FÜR 4 PERSONEN / ZUBEREITUNGSZEIT: 10 MIN. / RUHEZEIT: 20–30 MIN.
GRILLZEIT: 13–15 MIN. / ZUBEHÖR: GRILLZANGE, DIGITALES THERMOMETER

FÜR DIE WÜRZMISCHUNG

- *2 EL fein gemahlener Espresso*
- *2 EL Salz*
- *2 gehäufte EL Vollrohrzucker*
- *1½ EL rosenscharfes ungarisches Paprikapulver*
- *1½ TL gemahlener Kardamom*
- *1½ TL gemahlener Ingwer*
- *1 TL Knoblauchpulver*

FÜR DAS FLEISCH

- *4 Schweinelendenkoteletts (je 220 g schwer und 2 cm dick), überschüssiges Fett entfernt*
- *2 EL Olivenöl*

1. Für die Würzmischung in einer kleinen Schüssel den Espresso mit den übrigen Gewürzen vermengen.

2. Die Lendenkoteletts auf beiden Seiten mit dem Öl bepinseln, anschließend Ober- und Unterseiten mit je 1 TL Würzmischung bestreuen und die Gewürze gut andrücken. Vor dem Grillen bei Raumtemperatur 20–30 Min. ruhen lassen. (Übrige Würzmischung hält sich in einem Schraubglas bis zu 1 Monat.)

3. Den Grill für direkte und indirekte mittlere Hitze (175–230 °C) vorbereiten.

4. Den Grillrost mit der Bürste säubern. Die Koteletts über **direkter mittlerer Hitze** bei geschlossenem Deckel etwa 8 Min. anbraten, bis sie kräftig gebräunt sind. Dabei einmal wenden. Anschließend die Koteletts über **indirekte mittlere Hitze** legen und bei geschlossenem Deckel weitere 5–7 Min. grillen, bis sie in der Mitte noch leicht rosa sind bei einer Kerntemperatur von 63 °C. Vom Grill nehmen und 5 Min. nachziehen lassen (dabei steigt die Kerntemperatur um 2–5 °C an). Warm servieren.

DAZU PASST:

Gegrillte grüne und gelbe Zucchini mit Pesto (siehe Seite 70)
Grüner Spargel mit Zitronendressing und Pinienkernen (siehe Seite 72)
Kartoffeln vom Grill mit Käsesauce (siehe Seite 74)
Glasierte Ananasscheiben mit Honig, Rum und Pfeffer (siehe Seite 76)

WÜRZIGES SCHWEINEFILET MIT MANGO-SALSA

Knallbunte, fruchtig aromatische Mango-Salsa trifft auf chiliwürziges, rauchiges Schweinefilet: eine Kombination, die großartig aussieht und auch so schmeckt.

FÜR 4 PERSONEN / ZUBEREITUNGSZEIT: 30 MIN. / GRILLZEIT: 18–21 MIN.
ZUBEHÖR: GRILLZANGE, DIGITALES THERMOMETER

FÜR DIE SALSA
2 Mangos (je 400 g), Fruchtfleisch 1 cm groß gewürfelt • ½ rote Paprikaschote, 1 cm groß gewürfelt • ½ rote Zwiebel, 1 cm groß gewürfelt • 1 Jalapeño-Chilischote, entkernt, fein gehackt • 15 g Korianderblätter, fein gehackt • 2 EL frisch gepresster Limettensaft • 1 EL Honig • ¾ TL Meersalz

FÜR DIE WÜRZMISCHUNG
1½ TL Salz • 1½ gehäufte TL Vollrohrzucker • 1 TL gemahlener Kreuzkümmel • je ¾ TL frisch gemahlener schwarzer Pfeffer, getrockneter Thymian, Paprika- und Chilipulver • ½ TL gemahlener Koriander • ¼ TL gemahlener Zimt

FÜR DAS FLEISCH
1 Schweinefilet (etwa 600 g), überschüssiges Fett und Silberhaut entfernt • 1 EL Olivenöl

1. Für die Salsa die Zutaten in einer mittelgroßen Servierschüssel behutsam vermischen. Bei Raumtemperatur beiseitestellen.

2. Für die Würzmischung in einer kleinen Schüssel Salz und Zucker mit den übrigen Gewürzen vermengen.

3. Das Schweinefilet rundherum mit dem Öl bestreichen, mit der Würzmischung bestreuen und die Gewürze gut andrücken.

4. Den Grill für direkte und indirekte mittlere bis starke Hitze (200–230 °C) vorbereiten.

5. Den Grillrost mit der Bürste säubern. Das Schweinefilet über **direkter mittlerer bis starker Hitze** bei geschlossenem Deckel etwa 6 Min. anbraten und dabei mehrmals wenden, damit alle Seiten gleichmäßig bräunen. Anschließend über **indirekte mittlere bis starke Hitze** legen und bei geschlossenem Deckel weitere 12–15 Min. grillen, bis eine Kerntemperatur von 63 °C erreicht ist. Vom Grill nehmen und 3–5 Min. nachziehen lassen.

6. Das Schweinefilet quer zur Faser in etwa 1 cm dicke Scheiben schneiden und mit der Salsa sofort servieren.

BABY BACK RIBS MIT HOISIN-INGWER-GLASUR

Geduld müssen Sie bei diesem Rezept mitbringen, aber die wird doppelt belohnt: zum einen mit saftigem, zartem Fleisch, zum anderen mit jeder Menge Knabberspaß.

FÜR 4 PERSONEN / ZUBEREITUNGSZEIT: 20 MIN. / MARINIERZEIT: 2–3 STD. GRILLZEIT: ETWA 2 STD. / ZUBEHÖR: 3 GROSSE HANDVOLL HICKORY- ODER APFELHOLZ-CHIPS, GRILLZANGE

FÜR DIE MARINADE

- *180 ml Hoisin (chinesische Würzsauce)*
- *80 ml Pflaumensauce (Asialaden)*
- *80 ml Sojasauce*
- *60 ml trockener heller Sherry*
- *60 ml geröstetes Sesamöl*
- *3 EL fein gehackter Ingwer*
- *6 Knoblauchzehen, fein gehackt*

FÜR DIE RIBS

- *3 Baby Back Ribs (Kotelettrippchen vom Schwein; je 500–600 g)*

DIE RIBS WERDEN ETWA 2 STUNDEN LANG BEI 120–150°C GERÄUCHERT. DAFÜR BRAUCHEN SIE RUND 15 WEBER BRIKETTS.

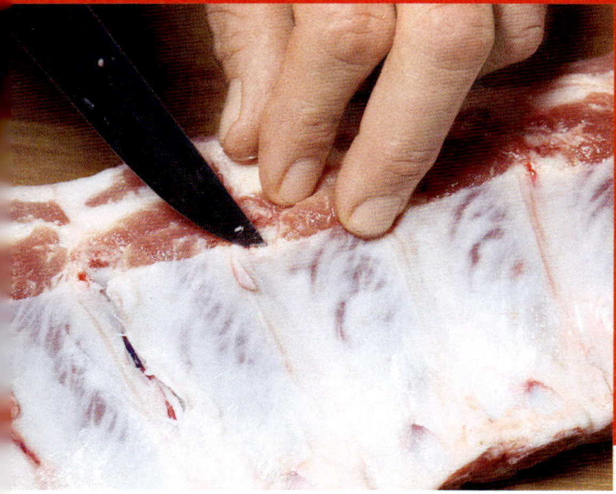

Bild 1: Ein Messer unter die Haut schieben.

Bild 2: Die zähe Silberhaut abziehen.

1. In einer mittelgroßen Schüssel die Marinadezutaten verrühren. Davon 160 ml für die spätere Verwendung als Glasur beiseitestellen.

2. Auf der Knochenseite der Ribs die dünne, zähe Silberhaut entfernen. Dafür an einem Ende der Ribs die Spitze eines Messers unter die dünne Haut am Knochen schieben (Bild 1). Die Haut anheben und lockern, bis sie vom Knochen reißt. Das Hautende mit Küchenpapier festhalten und die Haut abziehen (Bild 2). Die Rippenstücke auf einem Backblech mit Rand auf beiden Seiten gleichmäßig mit der Marinade übergießen. Abgedeckt für 2–3 Std. in den Kühlschrank stellen, dabei ab und zu wenden. Vor dem Grillen die Ribs 45 Min. Raumtemperatur annehmen lassen.

3. Inzwischen die Räucherchips mind. 30 Min. wässern (Bild 3).

4. Den Grill für indirekte schwache Hitze (120–150 °C) vorbereiten.

5. Den Grillrost mit der Bürste säubern. Die Ribs aus der Marinade nehmen, die Marinade entsorgen. Die Hälfte der Räucherchips abtropfen lassen, direkt auf die Glut geben (Bild 4) und den Grilldeckel schließen. Sobald die Chips zu rauchen beginnen, die Ribs mit der Knochenseite nach unten über **indirekte schwache Hitze** legen und bei geschlossenem Deckel 45 Min. räuchern, die oberen

Bild 3: Räucherchips in einer Tropfschale wässern.

Bild 4: Räucherchips direkt auf die Glut geben.

und unteren Lüftungsschieber müssen dabei zur Hälfte geschlossen sein. Anschließend die Ribs mit der Grillzange wenden und auf dem Rost umplatzieren. Die übrigen Chips abtropfen lassen und ebenfalls direkt auf die Glut geben. Den Grilldeckel wieder schließen und die Ribs weitere 45 Min. räuchern.

6. Danach die Ribs auf beiden Seiten mit der beiseitegestellten Glasur bestreichen, die Rippenstücke nochmals drehen und auf dem Rost umplatzieren. Bei geschlossenem Deckel 15 Min. weitergaren. Anschließend die Ribs ein zweites Mal mit Glasur bestreichen und bei geschlossenem Deckel weitergaren, bis ein Großteil der Knochenenden mind. 6 mm frei liegt. Zur Garprobe die Ribs mit der Knochenseite nach oben an einem Ende mit der Grillzange anheben: Wenn sie sich in der Mitte so stark biegen, dass das Fleisch einreißt, sind sie gar. Andernfalls bis zu 15 Min. weitergaren. Fertige Ribs vom Grill nehmen und 5–10 Min. nachziehen lassen.

7. Die Ribs zwischen den Rippenknochen halbieren oder einzeln aufschneiden. Warm servieren.

DAZU PASST:

Maiskolben mit Chilibutter (siehe Seite 69)
Gegrillte grüne und gelbe Zucchini mit Pesto (siehe Seite 70)

BRATWÜRSTE MIT SAUERKRAUT

FÜR 4 PERSONEN / ZUBEREITUNGSZEIT: 10 MIN. / SCHMOR- UND GRILLZEIT: 15–19 MIN.
ZUBEHÖR: GUSSEISERNE PFANNE (30 CM ϕ), GRILLZANGE, DIGITALES THERMOMETER

- *500 g Sauerkraut*
- *2 EL körniger Senf, plus Senf zum Servieren*
- *3 EL fein gehackte Dillspitzen*
- *½ TL Salz*
- *½ TL frisch gemahlener schwarzer Pfeffer*
- *1 kleine Flasche (0,33 l) würziges, malziges Bier*
- *4 rohe Bratwürste (je 150 g)*

1. Den Grill für direkte mittlere Hitze (175–230 °C) vorbereiten.

2. In einer mittelgroßen Schüssel das Sauerkraut mit Senf, Dill, Salz und Pfeffer vermischen. Das Sauerkraut in der Gusseisenpfanne gleichmäßig verteilen und das Bier darübergießen. Die Bratwürste mit Abstand zueinander auf das Sauerkrautbett legen.

3. Den Grillrost mit der Bürste säubern. Die Pfanne auf den Rost stellen, den Grilldeckel schließen und das Bier über **direkter mittlerer Hitze** in 3–5 Min. zum Köcheln bringen. Die Würste anschließend 8 Min. schmoren lassen, dabei nach der Hälfte der Zeit wenden.

4. Mit der Grillzange die Würste auf den Rost legen und über **direkter mittlerer Hitze** bei geschlossenem Deckel 4–6 Min. grillen, bis sie hübsch gemustert und durchgegart sind bei einer Kerntemperatur von 71 °C, dabei die Würste einmal wenden. Währenddessen das Sauerkraut weiterköcheln lassen.

5. Die Bratwürste mit dem Sauerkraut als Beilage warm servieren.

CURRYWURST

FÜR 4 PERSONEN
ZUBEREITUNGSZEIT: 10–15 MIN.
GRILLZEIT: 8–10 MIN.
ZUBEHÖR: GRILLZANGE, DIGITALES THERMOMETER

FÜR DIE CURRYSAUCE

- *1½ EL Öl*
- *4 EL feine Zwiebelwürfel*
- *1 Knoblauchzehe, fein gehackt*
- *1 TL gelbe Senfsamen*
- *1 EL Madras-Currypulver, plus Currypulver zum Servieren*
- *¼ TL gemahlener Piment*
- *¼ TL frisch gemahlener schwarzer Pfeffer*
- *250 ml Tomatenketchup*
- *1 TL Apfelessig*

FÜR DIE WÜRSTE

- *4 rohe Bratwürste oder Kalbsbratwürste (je 150 g)*
- *1 EL Olivenöl*

1. Den Grill für direkte mittlere Hitze (175–230 °C) vorbereiten.

2. Inzwischen für die Currysauce in einem kleinen Topf das Öl auf mittlerer Stufe erhitzen. Darin Zwiebelwürfel, Knoblauch und Senfsamen unter häufigem Rühren etwa 3 Min. dünsten, bis der Knoblauch weich, aber nicht gebräunt ist. Currypulver, Piment und Pfeffer einrühren, bis die Gewürze nach 30 Sek. aromatisch duften. Ketchup und Essig dazugeben, zum Köcheln bringen und 3 Min. unter ständigem Rühren köcheln lassen, bis sich die Aromen gut verbunden haben. Den Topf vom Herd nehmen und die Sauce zugedeckt warm stellen.

3. Den Grillrost mit der Bürste säubern. Die Würste rundherum mit dem Olivenöl bestreichen. Über **direkter mittlerer Hitze** bei geschlossenem Deckel 8–10 Min. grillen, bis sie gebräunt und durchgegart sind bei einer Kerntemperatur von 71 °C. Dabei ab und zu wenden. Vom Grill nehmen.

4. Die Würste auf einem Schneidbrett quer in Scheiben schneiden und diese in vier flachen Schalen anrichten. Currysauce darüberlöffeln und jede Portion nach Geschmack mit Currypulver würzen. Mit Holzzahnstochern warm servieren.

HÄHNCHEN

Schnell zubereitet oder langsam geräuchert: Hier kommen die Must-have-Rezepte für Hähnchen vom Grill. Eine Geschmacksvielfalt, die begeistert!

HÄHNCHENFILETS MIT KRITHARAKI UND TOMATENSPIESSEN

Liebe zur Mittelmeerküche und Sommerfeeling auf Balkon oder Terrasse: Holen Sie sich mit diesem Grillrezept ein Stück Griechenland nach Hause.

FÜR 4 PERSONEN / ZUBEREITUNGSZEIT: 30 MIN. / GRILLZEIT: 8 MIN.
ZUBEHÖR: 4 METALL-, HOLZ- ODER BAMBUSSPIESSE (20 CM), GRILLZANGE

FÜR DAS DRESSING

- *120 ml Olivenöl*
- *fein abgeriebene Schale von 1 Bio-Zitrone*
- *3 EL frisch gepresster Zitronensaft*
- *2 EL fein gehackte Oreganoblätter*
- *1 TL Salz*
- *1 TL frisch gemahlener schwarzer Pfeffer*

AUSSERDEM

- *4 Hähnchenbrustfilets ohne Innenfilets (je etwa 170 g)*
- *20 rote Cocktailtomaten*
- *1 EL Olivenöl*
- *Salz (vorzugsweise grobes Meersalz)*
- *180 g Kritharaki, Orzo oder Risoni (Nudeln in Reisform)*
- *70 g Kalamata-Oliven, entsteint und halbiert*
- *2 Frühlingszwiebeln, in feine Scheiben geschnitten*
- *120 g Feta, zerbröckelt*

1. Holz- oder Bambusspieße mind. 30 Min. wässern.

2. Für das Dressing das Öl in einer kleinen Schüssel mit den restlichen Dressingzutaten verquirlen. 80 ml davon in einer mittelgroßen Servierschüssel beiseitestellen.

3. Zwischen zwei Lagen Frischhaltefolie die Hähnchenfilets mit der glatten (Haut-)Seite nach unten mit einem Fleischklopfer auf etwa 5 mm flach klopfen. Nebeneinander in eine Form legen und auf beiden Seiten mit dem Dressing aus der kleinen Schüssel überziehen. Mit Frischhaltefolie abgedeckt kalt stellen. Die Tomaten mit 1 EL Olivenöl und 1 TL Salz mischen. Jeweils 5 Tomaten auf einen Spieß stecken. Beiseitelegen.

4. Den Grill für direkte starke Hitze (230–260 °C) vorbereiten. Inzwischen Wasser in einem Topf sprudelnd aufkochen, salzen und die Nudeln nach Packungsangabe darin bissfest garen. Abseihen und abtropfen lassen, dann zum Dressing in die Servierschüssel geben. Durchmischen, anschließend Oliven, Frühlingszwiebeln und Feta untermengen. Beiseitestellen.

5. Den Grillrost mit der Bürste säubern. Hähnchenfilets mit der (Haut-)Seite nach unten über **direkter starker Hitze** bei geschlossenem Deckel 3–4 Min. grillen, bis das Fleisch sich fest anfühlt. Mit der Grillzange wenden und nur so lange weitergrillen, bis die Unterseiten leicht gebräunt sind. Vom Grill nehmen. Gleichzeitig die Tomatenspieße quer zu den Streben auf den Rost legen und über **direkter starker Hitze** bei geschlossenem

Deckel 2–4 Min. grillen, bis die Tomaten hübsch gemustert, aber noch nicht aufgeplatzt sind. Dabei mit der Grillzange die Spieße einmal wenden. Vom Grill nehmen. Den Nudelsalat auf einzelnen Tellern anrichten. Darauf jeweils 1 Hähnchenfilet und 1 Tomatenspieß legen. Warm servieren.

IN ZITRONE UND ROSMARIN MARINIERTE HÄHNCHENBRUST

FÜR 4 PERSONEN
ZUBEREITUNGSZEIT: 15 MIN.
MARINIERZEIT: 2–4 STD.
GRILLZEIT: 8–12 MIN.
ZUBEHÖR: GRILLZANGE, DIGITALES THERMOMETER

FÜR DIE MARINADE

- *5 EL Olivenöl*
- *1 EL frisch gepresster Zitronensaft*
- *1 EL gehackte Rosmarinblätter*
- *2 Knoblauchzehen, fein gehackt*
- *1 TL Salz*
- *¾ TL frisch gemahlener schwarzer Pfeffer*

FÜR DAS FLEISCH

- *4 Hähnchenbrustfilets (je 200 g), überschüssiges Fett entfernt*

1. Die Zutaten für die Marinade verrühren. Die Hähnchenbrustfilets in einen großen Gefrierbeutel mit Zip-Verschluss geben und die Marinade dazugießen. Die Luft aus dem Beutel streichen, den Beutel verschließen und mehrmals wenden, damit sich die Marinade gleichmäßig verteilt. In eine Schüssel legen und das Hähnchenfleisch 2–4 Std. im Kühlschrank marinieren, dabei den Beutel ab und zu wenden. Die Hähnchenbrustfilets 20 Min. vor dem Grillen Raumtemperatur annehmen lassen.

2. Den Grill für direkte mittlere Hitze (175–230 °C) vorbereiten.

3. Den Grillrost mit der Bürste säubern. Hähnchenfilets aus dem Beutel nehmen, die Marinade entsorgen. Die Filets mit der glatten (Haut-)Seite nach unten über **direkter mittlerer Hitze** bei geschlossenem Deckel 8–12 Min. grillen, bis sich das Fleisch fest anfühlt und auch im Kern nicht mehr rosa ist, dabei einmal wenden. Die Kerntemperatur an der dicksten Stelle der Filets sollte am Ende 72 °C betragen. Vom Grill nehmen und warm servieren.

DAZU PASST:

Maiskolben mit Chilibutter (siehe Seite 69)
Gegrillte grüne und gelbe Zucchini mit Pesto (siehe Seite 70)
Grüner Spargel (ohne das Zitronen-Pinienkern-Dressing; siehe Seite 72)
Kartoffeln vom Grill (ohne Käsesauce; siehe Seite 74)

MIT SENF UND ESTRAGON GEWÜRZTE HÄHNCHENSCHENKEL

FÜR 4 PERSONEN
ZUBEREITUNGSZEIT: 10 MIN.
MARINIERZEIT: 15–30 MIN.
GRILLZEIT: ETWA 30 MIN.
ZUBEHÖR: GRILLZANGE, DIGITALES THERMOMETER

FÜR DIE WÜRZPASTE

- *120 g Dijon-Senf*
- *4 EL Olivenöl*
- *1½ EL getrockneter, gerebelter Estragon*
- *¾ TL frisch gemahlener schwarzer Pfeffer*

FÜR DAS FLEISCH

- *8 Hähnchenoberschenkel (je etwa 220 g), überschüssiges Fett und überhängende Haut entfernt*

1. In einer großen Schüssel die Zutaten für die Würzpaste glatt rühren. Die Hähnchenschenkel in die Schüssel geben und in der Paste wenden, bis sie gleichmäßig davon überzogen sind. Bei Raumtemperatur 15–30 Min. marinieren.

2. Den Grill für direkte und indirekte mittlere Hitze (175–230 °C) vorbereiten.

3. Den Grillrost mit der Bürste säubern. Die Hähnchenschenkel mit der Hautseite nach unten über **direkter mittlerer Hitze** bei geschlossenem Deckel 8–10 Min grillen, bis sie auf beiden Seiten schön gebräunt sind. Dabei einmal wenden. Dann über **indirekter mittlerer Hitze** bei geschlossenem Deckel etwa 20 Min. weitergrillen, bis das Thermometer an den dicksten Stellen der Schenkel (ohne die Knochen zu berühren) 75 °C anzeigt.

4. Hähnchenschenkel vom Grill nehmen und warm servieren.

DAZU PASST:

Maiskolben mit Chilibutter (siehe Seite 69)
Gegrillte grüne und gelbe Zucchini mit Pesto (siehe Seite 70)
Grüner Spargel mit Zitronendressing und Pinienkernen (siehe Seite 72)

HÄHNCHENSCHENKEL MIT GEGRILLTEN ORANGEN

Wenn Sie die Hähnchenschenkel über Nacht marinieren, können Sie selbst an einem hektischen Wochentag ein wunderbares Abendessen zaubern.

FÜR 4 PERSONEN / ZUBEREITUNGSZEIT: 20 MIN. / MARINIERZEIT: MIND. 8 STD. ODER ÜBER NACHT / GRILLZEIT: 30–40 MIN. / ZUBEHÖR: GRILLZANGE, DIGITALES THERMOMETER

FÜR DIE MARINADE

- *fein abgeriebene Schale und Saft von 1 großen Bio-Orange*
- *2 EL Olivenöl*
- *6 Knoblauchzehen, durchgepresst*
- *2 EL fein gehackte Oreganoblätter*
- *1 TL Salz*
- *¾ TL frisch gemahlener schwarzer Pfeffer*

FÜR DAS FLEISCH UND DIE ORANGEN

- *4 Hähnchenschenkel mit Rückenstück (je 350 g)*
- *1 große Bio-Orange, Endstücke entfernt, die Frucht in 4 dicke Scheiben geschnitten*
- *1 EL Olivenöl*
- *frisch gemahlener Pfeffer*

1. In einer kleinen Schüssel die Marinadezutaten verrühren. Die Hähnchenschenkel in einen großen Gefrierbeutel mit Zip-Verschluss geben und die Marinade dazugießen. Die Luft aus dem Beutel streichen, den Beutel verschließen und mehrmals wenden, damit sich die Marinade gleichmäßig verteilt. In eine Schüssel legen und das Fleisch im Kühlschrank mind. 8 Std. oder über Nacht marinieren.

3. Den Grill für direkte und indirekte mittlere Hitze (175–230 °C) vorbereiten. Inzwischen den Beutel mit den Hähnchenschenkeln aus dem Kühlschrank nehmen.

4. Den Grillrost mit der Bürste säubern. Hähnchenschenkel aus dem Beutel nehmen und mit der noch anhaftenden Marinade und der Hautseite nach unten über **direkter mittlerer Hitze** bei geschlossenem Deckel etwa 5 Min. anbraten, dabei einmal wenden, bis Ober- und Unterseite gemustert sind. Über **indirekte mittlere Hitze** legen und bei geschlossenem Deckel 20–30 Min. weitergaren, bis das Thermometer an den dicksten Stellen der Schenkel (ohne die Knochen zu berühren) 75 °C anzeigt. Die Haut der Schenkel soll am Ende schön gebräunt und knusprig sein. Vom Grill nehmen und ruhen lassen.

5. Inzwischen den Grillrost erneut mit der Bürste säubern. Die Orangenscheiben auf beiden Seiten mit dem Olivenöl bestreichen. Über **direkter mittlerer Hitze** bei geschlossenem Deckel etwa 5 Min. grillen, dabei einmal wenden, bis sie auf beiden Seiten gemustert sind. Vom Grill nehmen und leicht pfeffern.

6. Die Hähnchenschenkel mit den Orangenscheiben auf einem großen Servierteller anrichten. Warm servieren.

DAZU PASST:
Kartoffeln vom Grill mit Käsesauce (siehe Seite 74)

VIETNAMESISCHE HÄHNCHENSPIESSE

Wenig Aufwand, authentisches Ergebnis: Nichts weiter als diese Marinade verleiht dem Hähnchenfleisch die wunderbaren Aromen der Vietnamküche.

FÜR 4 PERSONEN / ZUBEREITUNGSZEIT: 25 MIN. / MARINIERZEIT: 45 MIN.
GRILLZEIT: 10–12 MIN. / ZUBEHÖR: 4 HOLZ-, BAMBUS- ODER METALLSPIESSE (40 CM)

FÜR DIE MARINADE

- *3 EL Sojasauce*
- *2 EL vietnamesische oder thailändische Fischsauce*
- *2 EL frisch gepresster Limettensaft*
- *2 EL geröstetes Sesamöl*
- *1 EL Honig*
- *1 Schalotte, fein gewürfelt*
- *1 TL Chiliflocken*

FÜR DAS FLEISCH

- *700 g ausgelöste Hähnchenoberschenkel ohne Haut, überschüssiges Fett entfernt*

1. In einer großen Schüssel die Marinadezutaten verrühren.

2. Das Hähnchenfleisch in 3–4 cm große Stücke schneiden. Zur Marinade geben und durchmischen, bis alle Stücke überzogen sind. Zugedeckt 45 Min. im Kühlschrank marinieren.

3. Holz- oder Bambusspieße mind. 30 Min. wässern.

4. Den Grill für direkte mittlere Hitze (175–230 °C) vorbereiten.

5. Das Hähnchenfleisch so auf die Spieße stecken, dass sich die Stücke zwar berühren, aber nicht zusammengedrückt werden.

6. Den Grillrost mit der Bürste säubern. Die Spieße über **direkter mittlerer Hitze** bei geschlossenem Deckel 10–12 Min. grillen, bis sich das Fleisch fest anfühlt und auch im Kern nicht mehr rosa ist, dabei die Spieße mehrmals wenden, damit das Fleisch rundherum schön gebräunt wird. Vom Grill nehmen und 2–3 Min. ruhen lassen. Warm servieren.

DAZU PASST:

Maiskolben mit Chilibutter (siehe Seite 69)
Gegrillte grüne und gelbe Zucchini mit Pesto (siehe Seite 70)
Grüner Spargel mit Zitronendressing und Pinienkernen (siehe Seite 72)

INDISCH GEWÜRZTE CHICKEN WINGS

Für Anfänger, Einsteiger und Profis gleichermaßen: Chicken Wings gehören unbedingt zum Grillrepertoire, und die indische Note hier verspricht besonderen Genuss.

FÜR 4 PERSONEN / ZUBEREITUNGSZEIT: 15 MIN. / MARINIERZEIT: 4–6 STD.
GRILLZEIT: 20–26 MIN.

FÜR DIE MARINADE

- *4 EL Olivenöl*
- *3 EL frisch gepresster Zitronensaft*
- *2 Knoblauchzehen, fein gehackt*
- *2 TL gemahlener Kreuzkümmel*
- *2 TL gemahlener Koriander*
- *2 TL gemahlene Fenchelsamen*
- *1½ TL Salz*
- *¼–½ TL Cayennepfeffer (nach Geschmack)*

FÜR DAS FLEISCH

- *12 Hähnchenflügel (etwa 1¼ kg)*

1. In einer Schüssel das Öl mit den restlichen Marinadezutaten verquirlen. Die Hähnchenflügel in einen großen Gefrierbeutel mit Zip-Verschluss geben und die Marinade dazugießen. Die Luft aus dem Beutel streichen, den Beutel verschließen und mehrmals wenden, damit sich die Marinade gleichmäßig verteilt. Den Beutel auf ein Backblech mit Rand legen und die Flügel 4–6 Std. im Kühlschrank marinieren, dabei den Beutel gelegentlich wenden.

2. Den Grill für direkte und indirekte mittlere Hitze (175–230°C) vorbereiten.

3. Den Grillrost mit der Bürste säubern. Hähnchenflügel aus dem Beutel nehmen, die Marinade entsorgen. Die Hähnchenflügel über **direkter mittlerer Hitze** bei geschlossenem Deckel 4–6 Min. grillen, dabei einmal wenden, bis sie auf beiden Seiten deutlich gemustert sind. Anschließend über **indirekte mittlere Hitze** legen und bei geschlossenem Deckel weitere 16–20 Min. grillen, bis das Fleisch am Knochen nicht mehr rosa und die Haut goldbraun ist, dabei ein- bis zweimal wenden. Während der letzten 1–2 Min. Grillzeit die Hähnchenflügel noch einmal über **direkte mittlere Hitze** legen, damit die Haut besonders knusprig wird. Dabei die Flügel einmal wenden. Vom Grill nehmen und warm servieren.

DAZU PASST:
Maiskolben mit Chilibutter (siehe Seite 69)
Gegrillte grüne und gelbe Zucchini mit Pesto (siehe Seite 70)
Grüner Spargel mit Zitronendressing und Pinienkernen (siehe Seite 72)

GERÄUCHERTES BEER CAN CHICKEN

Der Klassiker wurde, wie der Name schon sagt, ursprünglich auf einer Bierdose gegrillt. Mittlerweile ist das ein kulinarisches No-Go, da sich Farbe und Aluminium der Dose während des Grillens ablösen und ins Fleisch übergehen können. Die Alternative: ein Geflügelhalter, der zudem sicher auf dem Rost steht.

FÜR 2–3 PERSONEN / ZUBEREITUNGSZEIT: 20 MIN. / GRILLZEIT: ETWA 70 MIN.
ZUBEHÖR: 3 GROSSE HANDVOLL APFEL- ODER HICKORYHOLZ-CHIPS, GEFLÜGELHALTER, GRILLHANDSCHUHE, DIGITALES THERMOMETER

- *1 küchenfertiges Hähnchen (1½ kg), Hals, Innereien und überschüssiges Fett entfernt*
- *Olivenöl zum Einreiben*
- *Salz*
- *frisch gemahlener schwarzer Pfeffer*
- *60 ml Bier, zimmerwarm*
- *150–250 ml Barbecue-Sauce (Fertigprodukt), plus Sauce zum Servieren (nach Belieben)*

DAS VERDAMPFENDE BIER SORGT FÜR DIE SAFTIGKEIT DES HÄHNCHENS, VERLEIHT IHM ABER KEIN AROMA. APFELSAFT Z. B. IST GENAUSO GEEIGNET.

Bild 1: Hähnchen auf die Halterung setzen.

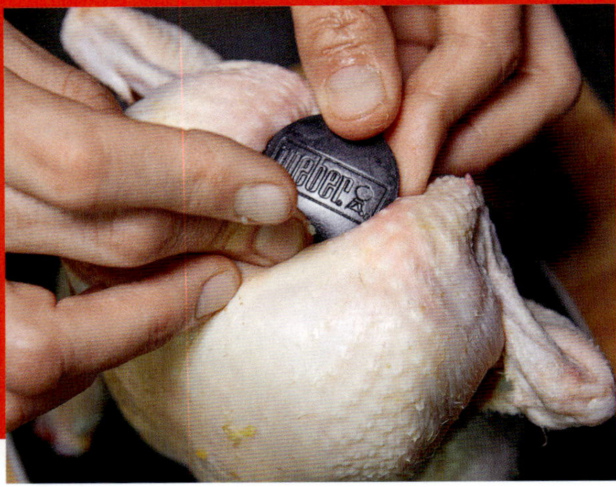

Bild 2: Die Halsöffnung mit der Kappe verschließen.

1. Die Räucherchips mind. 30 Min. wässern.

2. Das Hähnchen rundherum mit Olivenöl einreiben, dann alle fleischigen Partien sowie die Bauchhöhle großzügig mit Salz und Pfeffer würzen. Die Flügelspitzen auf den Rücken drehen. Das Bier in den Becher der Auffangschale des Geflügelhalters gießen, die Halterung aufsetzen und das Hähnchen mit der Bauchhöhle nach unten daraufsetzen (Bild 1). Die Halsöffnung mit der Kappe verschließen (Bild 2).

3. Den Grill für indirekte mittlere Hitze (175–230 °C) vorbereiten. Am besten verwenden Sie für die lange Garzeit des Hähnchens Briketts (etwa ½ Anzündkamin bzw. rund 26 nicht vollständig durchgeglühte Weber Briketts).

4. Den Grillrost mit der Bürste säubern. 2 Handvoll Räucherchips abtropfen lassen und direkt auf die Glut geben. Den Grilldeckel schließen. Sobald Rauch entsteht, das Hähnchen auf dem Geflügelhalter über **indirekte mittlere Hitze** stellen, den Deckel schließen und das Hähnchen 30 Min. räuchern. Danach die übrigen Chips abtropfen lassen und auf die Glut geben, anschließend das Hähn-

Bild 3: Den Geflügelhalter um 180 Grad drehen.

Bild 4: Die Kerntemperatur am Schenkel messen.

chen rundherum großzügig mit Barbecue-Sauce bestreichen. Jetzt Grillhandschuhe überziehen und den Geflügelhalter um 180 Grad drehen (Bild 3), damit das Hähnchen gleichmäßig garen und bräunen kann. Falls Halspartie und Flügel zu schnell bräunen, die Teile mit Back-Alufolie abdecken. Das Hähnchen etwa 40 Min. weiterräuchern, bis beim Einstechen klarer Fleischsaft austritt und das Thermometer an der dicksten Stelle der Schenkel (ohne die Knochen zu berühren) 75 °C anzeigt (Bild 4). Etwa 10 Min. vor Ende der Garzeit das Hähnchen noch einmal mit Barbecue-Sauce bestreichen.

5. Das Hähnchen auf dem Geflügelhalter mit Grillhandschuhen vorsichtig vom Grill heben und auf einer hitzefesten, ebenen Unterlage 10–15 Min. nachziehen lassen (dabei steigt die Kerntemperatur um weitere 2–5 °C an). Die Kappe von der Halsöffnung entfernen, das Hähnchen vom Halter nehmen und tranchieren. Warm servieren und nach Belieben weitere Barbecue-Sauce dazu reichen.

DAZU PASST:
Maiskolben mit Chilibutter (siehe Seite 69)
Gegrillte grüne und gelbe Zucchini mit Pesto (siehe Seite 70)
Kartoffeln vom Grill mit Käsesauce (siehe Seite 74)

FISCH & GARNELEN

Keine Angst vor Fisch! Mit dem richtigen Grillwerkzeug gelingt nämlich alles wie von selbst. Entdecken Sie die tollen Möglichkeiten der Fischzubereitung auf dem Grill.

AUF ZEDERNHOLZ GEGRILLTER LACHS NACH JAVA-ART

Das Lachsfilet gart sanft auf dem Räucherbrett und nimmt dabei die herrlichen Raucharomen des Zedernholzes auf: ein Paar, das wie füreinander geschaffen ist, und ein Hingucker bei jedem Grill-Event.

FÜR 4 PERSONEN / ZUBEREITUNGSZEIT: 15 MIN. / EINWEICHZEIT FÜR DAS RÄUCHERBRETT: MIND. 2 STD. / AUFHEIZZEIT FÜR DAS RÄUCHERBRETT: ETWA 5 MIN. GRILLZEIT: 15–20 MIN. / ZUBEHÖR: RÄUCHERBRETT AUS ZEDERNHOLZ (30 × 15 CM), GRILLWENDER, DIGITALES THERMOMETER, GRILLHANDSCHUHE

FÜR DIE SAUCE
- *4 EL Butter*
- *1 Knoblauchzehe, fein gehackt*
- *½ TL Chiliflocken*
- *4 EL Vollrohrzucker*
- *4 EL Sojasauce*
- *3 EL frisch gepresster Limettensaft*
- *1 TL Speisestärke, in 1 TL Wasser glatt gerührt*

FÜR DEN FISCH
- *1 ganzes Lachsfilet mit Haut (aus der Mitte geschnitten; 900 g schwer und 2 cm dick), Gräten entfernt*
- *2 EL Olivenöl*

AUSSERDEM
- *Salz*
- *frisch gemahlener schwarzer Pfeffer*
- *2 EL Butter*
- *350 g zarte junge Spinatblätter*

KAUFEN SIE VORZUGSWEISE BIO-LACHS AUS AQUAKULTUR ODER LACHS MIT DEM MSC-SIEGEL (MARINE STEWARDSHIP COUNCIL).

Weber

Bild 1: Das Räucherbrett wässern.

Bild 2: Das Lachsfilet portionieren.

1. Das Räucherbrett in einem flachen Gefäß mind. 2 Std. wässern und dabei beschweren, damit es untergetaucht bleibt (Bild 1).

2. Für die Sauce in einem kleinen Topf die Butter auf mittlerer Stufe zerlassen. Knoblauch und Chiliflocken darin etwa 1 Min. unter Rühren dünsten, bis sie aromatisch duften. Zucker, Sojasauce und Limettensaft dazugeben und unter Rühren zum Kochen bringen, bis der Zucker aufgelöst ist. Anschließend 3 Min. im offenen Topf köcheln lassen, bis die Mischung ein wenig reduziert ist. Die Speisestärke einrühren und die Sauce noch etwa 1 Min. weiterköcheln lassen, bis sie eingedickt ist und schön glänzt. Vom Herd nehmen.

3. Den Grill für direkte mittlere Hitze (175–230 °C) vorbereiten.

4. Das Lachsfilet mit der Hautseite nach unten auf ein Schneidbrett legen. In vier gleich große Portionen schneiden, ohne dabei die Haut zu durchtrennen (Bild 2). Die Oberseite mit 2 EL Öl bestreichen und gleichmäßig mit etwas Salz und Pfeffer würzen.

5. Den Grillrost mit der Bürste säubern. Das Räucherbrett abtropfen lassen. Das Brett auf den Grillrost über **direkte mittlere Hitze** legen und den Deckel schließen. Sobald es zu knistern und zu rauchen

Bild 3: Mit der Hautseite nach unten auflegen.

Bild 4: Die Filets von der Haut abheben.

beginnt, das Brett umdrehen und den Lachs mit der Hautseite nach unten auflegen (Bild 3). Über **direkter mittlerer Hitze** bei geschlossenem Deckel 12 Min. garen. Anschließend den Lachs mit so viel Sauce bestreichen, dass sie das Fleisch gleichmäßig überzieht, aber nicht seitlich heruntertropft. Den Deckel wieder schließen und den Lachs bis zum gewünschten Gargrad 5–8 Min. weitergrillen, ideal ist eine Kerntemperatur von 52–55 °C. Den Grillwender zwischen Haut und Fischfleisch schieben, die Filets von der Haut abheben (Bild 4) und auf vorgewärmte Servierteller geben. Dann das Räucherbrett mit Grillhandschuhen vom Grill nehmen und auf einer hitzefesten Unterlage erkalten lassen.

6. Während der Lachs fertig gart, in einer Pfanne 2 EL Butter auf mittlerer bis hoher Stufe zerlassen und die Butter durch Schwenken der Pfanne gleichmäßig verteilen. Den Spinat portionsweise in die Pfanne geben, bis die Blätter jeweils leicht zusammenfallen, dann mit einer Küchenzange 3 Min. durchmischen, bis die Spinatblätter vollständig zusammengefallen und intensiv grün sind. Mit etwas Salz und Pfeffer würzen und die Pfanne vom Herd nehmen.

7. Den Spinat neben den Lachsfilets anrichten, über Spinat und Fisch restliche Sauce löffeln und sofort servieren.

LACHSFILETS À LA PLANCHA

FÜR 4 PERSONEN
ZUBEREITUNGSZEIT: 10 MIN.
GRILLZEIT: 6–8 MIN.
ZUBEHÖR: GUSSEISERNE PFANNE (30 CM ⌀) ODER GRILLPLATTE, GRILLWENDER, DIGITALES THERMOMETER

- *4 Lachsfilets mit Haut (je 200 g schwer und 2 cm dick), Gräten entfernt*
- *3 EL Olivenöl*
- *Salz*
- *frisch gemahlener schwarzer Pfeffer*
- *½ Zitrone, in 4 Spalten geschnitten*

1. Den Grill für direkte mittlere bis starke Hitze (200–230 °C) vorbereiten. Die Gusseisenpfanne über direkter Hitze vorheizen.

2. Die Lachsfilets trocken tupfen. Auf beiden Seiten mit dem Olivenöl bestreichen, nur auf der Fleischseite leicht salzen und pfeffern.

3. Die Filets mit der Haut nach oben und mit Abstand zueinander vorsichtig in die heiße Pfanne legen. Über **direkter mittlerer bis starker Hitze** bei geschlossenem Grilldeckel etwa 3 Min. braten, bis sie sich leicht vom Pfannenboden lösen lassen, ohne haften zu bleiben. Wenden und auf der Hautseite bei geschlossenem Deckel bis zum gewünschten Gargrad weiterbraten, 3–5 Min. für halb durch bzw. medium rare bei einer Kerntemperatur von 52–55 °C.

4. Den Grillwender zwischen Haut und Fischfleisch schieben und die Filets ohne die Haut auf vorgewärmte Servierteller heben. Jeweils 1 Zitronenspalte dazulegen und sofort servieren.

DAZU PASST:
Gegrillte grüne und gelbe Zucchini mit Pesto (siehe Seite 70)
Grüner Spargel mit Zitronendressing und Pinienkernen (siehe Seite 72)

MARINIERTE FISCHFILETS À LA PLANCHA

FÜR 4 PERSONEN
ZUBEREITUNGSZEIT: 10 MIN.
MARINIERZEIT: 15 MIN.
GRILLZEIT: 5–8 MIN.
ZUBEHÖR: GUSSEISERNE PFANNE(30 CM ϕ) ODER GRILLPLATTE, GRILLWENDER, DIGITALES THERMOMETER

FÜR DIE MARINADE

- *2 EL Olivenöl*
- *1 EL Wodka*
- *2 TL fein abgeriebene Schale von 1 Bio-Zitrone*
- *2 EL frisch gepresster Zitronensaft*
- *2 EL gehackte Dillspitzen*
- *¾ TL Salz*
- *½ TL frisch gemahlener schwarzer Pfeffer*

FÜR DEN FISCH

- *4 festfleischige Fischfilets mit Haut (z.B. Heilbutt; je 150–170 g schwer und gut 2 cm dick)*
- *2–3 EL Olivenöl*

1. Die Marinadezutaten gründlich verrühren. Fischfilets in einen großen Gefrierbeutel mit Zip-Verschluss geben und die Marinade dazugießen. Die Luft aus dem Beutel streichen, den Beutel verschließen und mehrmals wenden, damit sich die Marinade gleichmäßig verteilt. Auf einen Teller legen und den Fisch bei Raumtemperatur 15 Min. marinieren, dabei den Beutel gelegentlich wenden.

2. Den Grill für direkte mittlere Hitze (175–230 °C) vorbereiten. Die Gusseisenpfanne zum Vorheizen über direkte Hitze stellen. Den Deckel schließen und warten, bis die Hitze im Grill 200 °C beträgt.

3. Die Fischfilets aus dem Beutel nehmen und abtropfen lassen, die Marinade entsorgen. Den Pfannenboden großzügig mit dem Öl bestreichen. Die Filets mit der Haut nach oben und mit Abstand zueinander vorsichtig in die heiße Pfanne legen und über **direkter mittlerer Hitze** bei geschlossenem Grilldeckel etwa 3 Min. braten, bis sie sich leicht vom Pfannenboden lösen lassen, ohne haften zu bleiben. Wenden und bis zum gewünschten Gargrad weitergrillen, 2–5 Min. für eine Kerntemperatur von 52 °C. Den Grillwender zwischen Haut und Fleisch schieben und die Filets ohne die Haut auf vorgewärmte Servierteller heben. Sofort servieren.

DAZU PASST:

Gegrillte grüne und gelbe Zucchini mit Pesto (siehe Seite 70)
Grüner Spargel mit Zitronendressing und Pinienkernen (siehe Seite 72)

INDISCH GEWÜRZTE KABELJAUFILETS À LA PLANCHA

Das festfleischige, delikate Fleisch des Kabeljaus verträgt sich besonders gut mit den kräftigen Gewürzen der indischen Küche.

FÜR 4 PERSONEN / ZUBEREITUNGSZEIT: 15 MIN. / MARINIERZEIT: 1–2 STD.
GRILLZEIT: 8 MIN. / ZUBEHÖR: GUSSEISERNE PFANNE (30 CM ɸ) ODER GRILLPLATTE, GRILLWENDER, GRILLHANDSCHUHE

FÜR DEN FISCH

- *3 EL Traubenkern- oder Erdnussöl*
- *2 Knoblauchzehen, fein gehackt*
- *1½ TL gemahlene Kurkuma*
- *1 TL Salz*
- *4 Kabeljaufilets (200 g schwer und knapp 4 cm dick), Haut und Gräten entfernt*

FÜR DIE SAUCE

- *240 ml ungesüßte Kokosmilch*
- *3 EL fein gehackte Korianderbätter*
- *2 Frühlingszwiebeln, fein gehackt*
- *1 EL fein gehackter Ingwer*
- *½ TL gemahlene Kurkuma*
- *1 TL Salz*
- *1 kräftige Prise Cayennepfeffer*

AUSSERDEM

- *2 EL Traubenkern- oder Erdnussöl*

1. Für den Fisch in einer kleinen Schüssel das Traubenkernöl mit Knoblauch, Kurkuma und Salz zu einer Paste verrühren. Die Fischfilets trocken tupfen, dann rundherum mit der Paste einreiben. Zugedeckt 1–2 Std. im Kühlschrank marinieren.

2. Inzwischen in einer mittelgroßen Schüssel die Saucenzutaten verrühren. Beiseitestellen.

3. Den Grill für direkte und indirekte mittlere bis starke Hitze (200–230 °C) vorbereiten. Die Gusseisenpfanne zum Vorheizen über direkte Hitze stellen.

4. Den Boden der Pfanne mit 2 EL Traubenkernöl bestreichen. Die Fischfilets mit Abstand zueinander vorsichtig in die heiße Pfanne legen. Über **direkter mittlerer bis starker Hitze** bei geschlossenem Grilldeckel etwa 3 Min. braten, bis sie sich leicht vom Pfannenboden lösen lassen, ohne haften zu bleiben. Wenden und 3 Min. bei geschlossenem Grilldeckel weiterbraten. Die Pfanne mit Grillhandschuhen über **indirekte mittlere bis starke Hitze** stellen und die Sauce über den Fisch gießen. Den Grilldeckel schließen und die Filets in 2 Min. fertig garen. Die Pfanne vom Rost nehmen. Die Kabeljaufilets mit der Sauce auf vorgewärmten Serviertellern anrichten und sofort servieren.

DAZU PASST:

Gegrillte grüne und gelbe Zucchini (ohne Pesto; siehe Seite 70)
Kartoffeln vom Grill (ohne Käsesauce; siehe Seite 74)

weber

PIKANTE GARNELEN-TACOS MIT GEGRILLTEN AVOCADOSPALTEN

Garnelen und Avocados sind die Basics in diesem Rezept, ansonsten können Sie die Tacos mit allem füllen, was Ihnen sonst noch dazu schmeckt.

FÜR 4 PERSONEN / ZUBEREITUNGSZEIT: 25 MIN. / GRILLZEIT: 7–10 MIN.
ZUBEHÖR: GRILLWENDER, GRILLZANGE

FÜR DIE WÜRZMISCHUNG

- *je 1 TL Salz und Vollrohrzucker*
- *¾ TL gemahlener Kreuzkümmel*
- *je ½ TL gemahlener schwarzer Pfeffer und Koriander, geräuchertes Paprikapulver, Chilipulver, getrockneter Thymian*

FÜR DIE TACOS

- *700 g Riesengarnelen (Größe 21/30), geschält, entdarmt, Schwanzsegment entfernt*
- *4 EL Olivenöl*
- *2 große Avocados, das Fruchtfleisch jeweils in 8 Spalten geschnitten*
- *1 TL grobes Meersalz*
- *100 g Romanasalat, Blätter in feine Streifen geschnitten*
- *125 ml Salsa (Fertigprodukt)*
- *10 Stängel Koriandergrün, Blätter grob gehackt*
- *6 Radieschen, in dünne Scheiben geschnitten*
- *2 Limetten, in Spalten geschnitten*
- *8 Taco Shells*

1. Für die Würzmischung in einer kleinen Schüssel Salz und Zucker mit den restlichen Gewürzen vermengen.

2. In einer mittelgroßen Schüssel die Garnelen zuerst mit 2 EL Olivenöl vermengen, anschließend mit der Würzmischung.

3. Die Avocadospalten auf beiden Seiten mit den restlichen 2 EL Öl bestreichen, dann mit dem groben Meersalz würzen.

4. Den Grill für direkte mittlere Hitze (175–230 °C) vorbereiten.

5. Inzwischen Salatstreifen, Salsa, gehackten Koriander, Radieschen und Limettenspalten in einzelne Servierschalen geben und für die Zusammenstellung der Tacos bereitstellen.

6. Den Grillrost mit der Bürste säubern. Die Avocadospalten quer zu den Streben auf den Rost legen und über **direkter mittlerer Hitze** bei geschlossenem Deckel 3–4 Min. grillen. Dabei die Spalten einmal wenden. Vom Grill nehmen und auf einem Servierteller warm halten. Anschließend die Garnelen über **direkter mittlerer Hitze** bei geschlossenem Deckel 4–6 Min. grillen, bis sie sich fest anfühlen und auch im Kern nicht mehr glasig sind. Dabei die Garnelen einmal wenden. Etwa 2 Min. vor Ende der Grillzeit die Taco Shells über direkter Hitze erwärmen. Dabei einmal wenden. Die Garnelen vom Grill nehmen und in eine Servierschale geben. Die Taco Shells auf einen großen vorgewärmten Teller geben oder vor dem Servieren noch in Back-Alufolie wickeln, um sie warm zu halten.

7. Bei Tisch stellen sich die Gäste die Tacos selbst zusammen: In die warmen Shells 3–4 Garnelen sowie 2 Avocadospalten geben und mit dem Saft der Limettenspalten beträufeln. Etwas Salsa darüberlöffeln und die Tacos mit Salatstreifen, gehacktem Koriander sowie Radieschenscheiben garnieren.

VEGGIES, BEILAGEN & DESSERTS

Gemüse bereichert nicht nur als Beilage jeden Grillteller, sondern hat auch solo einiges zu bieten. Und schon mal Obst gegrillt? Ananas oder Pfirsich eignen sich super!

WEISSE PIZZA MIT ZWIEBELN UND THYMIAN

Der Pizzastein speichert enorm viel Hitze, die er direkt an den Teig abgibt. Das Resultat ist ein goldbrauner, wunderbar knuspriger Pizzaboden.

ERGIBT 1 PIZZA VON 30 CM ϕ / ZUBEREITUNGSZEIT: 40 MIN. / GRILLZEIT: ETWA 15 MIN.
ZUBEHÖR: GROSSE GELOCHTE GRILLPFANNE, GRILLHANDSCHUHE, PIZZASTEIN, PIZZAHEBER (NACH BELIEBEN)

- *500 g Pizzateig (Kühlregal) oder TK-Ware, aufgetaut*
- *1 große süße Zwiebel (etwa 280 g; ersatzweise Gemüsezwiebel), quer in 5 mm dicke Scheiben geschnitten*
- *2 EL Olivenöl, plus Öl für den Pizzateig*
- *Salz und frisch gemahlener schwarzer Pfeffer*
- *Mehl zum Arbeiten*
- *2–3 EL mittelfeines Maismehl oder fein gemahlener Maisgrieß (Polenta)*
- *1 EL plus 1 TL Thymianblättchen*
- *180 g Cheddar (möglichst weißer Cheddar), in dünne Scheiben geschnitten*

1. Den Pizzateig abgedeckt Raumtemperatur annehmen lassen.

2. Den Grill für direkte mittlere bis starke Hitze (200–230 °C) vorbereiten. Die Grillpfanne 10 Min. vorheizen.

3. Den Grillrost mit der Bürste säubern. Die Zwiebelscheiben auf beiden Seiten mit 2 EL Olivenöl bestreichen, leicht salzen und pfeffern und nebeneinander in die heiße Grillpfanne legen. Über **direkter mittlerer bis starker Hitze** bei geschlossenem Deckel etwa 5 Min. grillen, bis die Scheiben weich und gebräunt sind. Dabei einmal wenden. Pfanne mit Grillhandschuhen vom Rost nehmen, die Zwiebeln auf einem Teller beiseitestellen.

4. Den Pizzastein auf den Grillrost legen und nach Herstellerangabe vorheizen.

5. Auf einer dünn bemehlten Arbeitsfläche den Pizzateig zu einem etwa 30 cm großen Kreis ausrollen. Dabei nach Bedarf mit etwas Mehl bestäuben, falls der Teig klebt. Den Pizzaheber (oder ein randloses Backblech) mit Maismehl bestreuen. Den Teigboden auf den Pizzaheber legen und großzügig mit Olivenöl bestreichen. Die Zwiebelscheiben in einzelne Ringe teilen und den Teig damit belegen, mit 1 EL Thymian und ein wenig Pfeffer bestreuen, dann den Käse gleichmäßig auf dem Teig verteilen.

6. Die belegte Pizza vorsichtig auf den vorgeheizten Pizzastein gleiten lassen. Über **direkter mittlerer bis starker Hitze** bei geschlossenem Deckel etwa 10 Min. grillen, bis der Teig gold-

braun und der Käse geschmolzen ist. Die Pizza vom Stein auf ein Schneidbrett heben. Mit dem restlichen Thymian bestreuen, wie eine Torte in Stücke schneiden und warm servieren. (Den Pizzastein erst vollständig auskühlen lassen, bevor Sie ihn vom Grill nehmen.)

GEGRILLTE AUBERGINENSCHEIBEN MIT MOZZARELLA, PESTO UND RUCOLA

FÜR 4 PERSONEN
ZUBEREITUNGSZEIT: 20 MIN.
GRILLZEIT: 9–13 MIN.
ZUBEHÖR: GRILLZANGE

FÜR DAS PESTO

- *30 g Basilikumblätter*
- *2 Knoblauchzehen, geschält*
- *1 EL Pinienkerne, geröstet*
- *½ TL grobes Meersalz*
- *4 EL Olivenöl*
- *30 g Parmesan, frisch gerieben*

FÜR DAS GEMÜSE

- *1 große Aubergine, Endstücke entfernt, quer in 8 dicke Scheiben (je 2 cm) geschnitten*
- *4 EL Olivenöl*
- *1 TL Salz*
- *1 TL frisch gemahlener schwarzer Pfeffer*
- *250 g Mozzarella, abgetropft, in 8 Scheiben geschnitten*
- *100 g Rucola, gewaschen und trocken geschleudert*

1. Für das Pesto die Zutaten außer Öl und Parmesan im Blitzhacker fein hacken. Nach und nach das Öl untermixen, bis ein dünnflüssiges Pesto entstanden ist. Anschließend den Parmesan kurz untermischen. Das Pesto bis zum Servieren beiseitestellen oder in einem Schraubglas bis zu 3 Tage im Kühlschrank aufbewahren (vor dem Servieren Raumtemperatur annehmen lassen).

2. Den Grill für direkte und indirekte mittlere Hitze (175–230 °C) vorbereiten.

3. Den Grillrost mit der Bürste säubern. Die Auberginenscheiben auf beiden Seiten mit dem Öl bestreichen und mit Salz und Pfeffer würzen. Auberginen über **direkter mittlerer Hitze** bei geschlossenem Deckel 6–8 Min. grillen, bis sie ganz weich und schön gemustert sind. Dabei die Scheiben einmal wenden. Dann die Auberginenscheiben über **indirekte mittlere Hitze** legen und mit je 1 Scheibe Mozzarella belegen. Den Deckel schließen und die Auberginen 3–5 Min. weitergrillen, bis der Käse geschmolzen ist.

4. Rucola auf einzelne Teller verteilen. Jeweils 2 Auberginenscheiben leicht überlappend darauf anrichten und darüber Pesto löffeln. Warm servieren.

MAISKOLBEN MIT CHILIBUTTER

FÜR 4 PERSONEN / ZUBEREITUNGSZEIT: 15 MIN. / GRILLZEIT: 12–14 MIN.
ZUBEHÖR: GRILLZANGE

- *125 g Butter, zerlassen*
- *3 EL fein gehackte Korianderblätter*
- *1½ TL Chilipulver*
- *1 TL Salz*
- *½ TL Zucker*
- *1 kräftige Prise Cayennepfeffer (oder nach Geschmack)*
- *4 frische Maiskolben, Hüllblätter entfernt*

1. Den Grill für direkte mittlere Hitze (175–230 °C) vorbereiten.

2. Für die Chilibutter in einer kleinen Schüssel die flüssige Butter mit den gehackten Korianderblättern, Chili, Salz, Zucker und Cayennepfeffer verrühren.

3. Den Grillrost mit der Bürste säubern. Die Maiskolben rundherum dünn mit Chilibutter bestreichen. Über **direkter mittlerer Hitze** bei geschlossenem Deckel 12–14 Min. grillen, bis die Kolben stellenweise gebräunt und die Körner zart sind, dabei mit der Grillzange die Maiskolben ab und zu drehen und wenden. Vom Grill nehmen.

4. Die Maiskolben großzügig mit der restlichen Chilibutter bestreichen und warm servieren.

GEGRILLTE GRÜNE UND GELBE ZUCCHINI MIT PESTO

Diese wunderbare Gemüsebeilage eignet sich für fast alle Hauptgerichte dieses Buchs und schmeckt auch mit anderen Sommerkürbissen wie Patisson oder Rondini.

FÜR 4 PERSONEN / ZUBEREITUNGSZEIT: 20 MIN.
GRILLZEIT: 5–7 MIN. / ZUBEHÖR: GRILLZANGE

FÜR DAS PESTO

- *30 g Basilikumblätter*
- *2 Knoblauchzehen, geschält*
- *1 EL Pinienkerne, geröstet*
- *½ TL grobes Meersalz*
- *4 EL Olivenöl*
- *30 g Parmesan, frisch gerieben*

FÜR DAS GEMÜSE

- *400 g grüne Zucchini*
- *400 g gelbe Zucchini*
- *Olivenöl zum Beträufeln*
- *grobes Meersalz und frisch gemahlener schwarzer Pfeffer*

1. Für das Pesto die Zutaten außer Öl und Parmesan im Blitzhacker fein hacken. Nach und nach das Öl untermixen, bis ein dünnflüssiges Pesto entstanden ist. Anschließend den Parmesan kurz untermischen. Das Pesto bis zum Servieren beiseitestellen oder in einem Schraubglas bis zu 3 Tage im Kühlschrank aufbewahren (vor dem Servieren Raumtemperatur annehmen lassen).

2. Den Grill für direkte mittlere Hitze (175–230 °C) vorbereiten.

3. Inzwischen die Zucchini waschen und trocken tupfen. Die Enden abschneiden, anschließend das Gemüse längs in 5 mm dicke Scheiben schneiden. Die Zucchinischeiben in einer mittelgroßen Schüssel dünn mit Olivenöl beträufeln, leicht salzen und pfeffern und behutsam durchmischen.

4. Den Grillrost mit der Bürste säubern. Die Zucchinischeiben auf dem Rost über **direkter mittlerer Hitze** bei geschlossenem Deckel 5–7 Min. grillen, bis sie weich und deutlich gemustert sind. Dabei einmal wenden. Vom Grill nehmen.

5. Zucchini auf einem vorgewärmten Servierteller anrichten und einen Teil des Pestos darüberlöffeln. Sofort servieren und das restliche Pesto separat dazu reichen.

GRÜNER SPARGEL MIT ZITRONENDRESSING UND PINIENKERNEN

Mitteldicke Spargelstangen gelingen auf dem Grill besser als dünne Exemplare, die leicht durch den Rost fallen können und weniger aromatisch sind.

FÜR 4 PERSONEN / ZUBEREITUNGSZEIT: 20 MIN.
GRILLZEIT: 6–10 MIN. / ZUBEHÖR: GRILLZANGE

FÜR DAS DRESSING

- *4 EL Olivenöl*
- *1 TL fein abgeriebene Schale von 1 Bio-Zitrone*
- *2 EL frisch gepresster Zitronensaft*
- *1 Knoblauchzehe, fein gehackt oder durchgepresst*
- *¾ TL Salz*
- *½ TL Dijon-Senf*
- *½ TL Zucker*
- *¼ TL frisch gemahlener schwarzer Pfeffer*

FÜR DEN SPARGEL

- *2 EL Pinienkerne*
- *700 g mitteldicke grüne Spargelstangen*
- *Olivenöl zum Beträufeln*
- *Salz und frisch gemahlener schwarzer Pfeffer*

1. Die Zutaten für das Dressing in einer kleinen Schüssel verquirlen. Bis zum Servieren beiseitestellen.

2. Eine kleine Pfanne auf mittlerer bis niedriger Stufe ohne Zugabe von Fett erhitzen. Die Pinienkerne darin unter ständigem Rühren in 3–4 Min. hellbraun rösten. Aus der Pfanne nehmen und auf einem kleinen Teller abkühlen lassen.

3. Den Grill für direkte mittlere Hitze (175–230 °C) vorbereiten.

4. Vom Spargel die harten Enden entfernen. Dafür das untere Ende jeder Stange behutsam umbiegen, bis sie dort bricht, wo sie gerade noch zart ist (etwa im unteren Drittel). Die Spargelstangen unten glatt schneiden, nebeneinander in ein flaches Gefäß legen, mit Olivenöl beträufeln und darin wenden, bis die Stangen dünn von Öl überzogen sind. Salzen und pfeffern.

5. Den Grillrost mit der Bürste säubern. Die Spargelstangen quer zu den Streben auf den Rost legen und über **direkter mittlerer Hitze** bei geschlossenem Deckel 6–10 Min. grillen, bis sie knackig zart und stellenweise kräftig gebräunt sind. Dabei die Stangen mit der Grillzange ein- bis zweimal auf dem Rost drehen, damit sie gleichmäßig bräunen. Vom Grill nehmen.

6. Den Spargel auf einem vorgewärmten Servierteller anrichten und mit den Pinienkernen bestreuen. Das Dressing noch einmal aufschlagen und einen Teil davon über den Spargel träufeln. Sofort servieren und das restliche Dressing separat dazu reichen.

KARTOFFELN VOM GRILL MIT KÄSESAUCE

Schneller sind die Kartoffeln auf dem Grill in einer gusseisernen Pfanne zubereitet. Dafür die halbierten, mit Öl und Salz überzogenen Kartoffeln mit den Schnittflächen nach unten in der vorgeheizten Pfanne in etwa 5 Min. goldbraun braten, wenden und bei geschlossenem Grilldeckel in etwa 10 Min. fertig garen.

FÜR 4 PERSONEN / ZUBEREITUNGSZEIT: 15 MIN. / GRILLZEIT: 25–40 MIN.
ZUBEHÖR: GRILLZANGE

FÜR DIE KARTOFFELN

- *600 g kleine neue Kartoffeln (3–4 cm Ø), abgebraust und abgebürstet, trocken getupft*
- *1 EL Olivenöl*
- *1 TL Salz*

FÜR DIE SAUCE

- *4 EL Mayonnaise*
- *4 EL Schmand*
- *1 TL Dijon-Senf*
- *½ TL Zucker*
- *¼ TL frisch gemahlener schwarzer Pfeffer*
- *2 EL fein gehackte glatte Petersilienblätter*
- *1 TL Thymianblättchen*
- *50 g Blauschimmelkäse, zerbröckelt*

1. Den Grill für direkte und indirekte mittlere bis starke Hitze (200–230 °C) vorbereiten.

2. Die ganzen Kartoffeln an mehreren Stellen rundherum mit einer Gabel einstechen und in einer Schüssel mit dem Olivenöl und Salz vermischen.

3. Den Grillrost mit der Bürste säubern. Die Kartoffeln auf dem Rost über **indirekter mittlerer bis starker Hitze** bei geschlossenem Deckel 20–30 Min. garen, bis sie sich mühelos mit einem Messer einstechen lassen.

4. Anschließend die Kartoffeln in die direkte Zone legen und über **direkter mittlerer bis starker Hitze** bei geschlossenem Deckel 5–10 Min. bräunen, dabei ein- bis zweimal wenden.

5. Inzwischen für die Sauce in einer mittelgroßen Schüssel die Mayonnaise mit Schmand, Senf, Zucker und Pfeffer glatt rühren. Petersilie und Thymian unterziehen, dann den zerbröckelten Käse untermischen.

6. Die Kartoffeln vom Grill nehmen und in eine Servierschüssel geben. Nach Belieben die Käsesauce darüberlöffeln oder die Sauce separat zu den Kartoffeln reichen. Heiß servieren.

GLASIERTE ANANASSCHEIBEN MIT HONIG, RUM UND PFEFFER

FÜR 4 PERSONEN / ZUBEREITUNGSZEIT: 15 MIN.
GRILLZEIT: 6–8 MIN. / ZUBEHÖR: GRILLPINSEL, GRILLWENDER

- *1½ EL Butter*
- *1 EL Honig*
- *1 EL dunkler Rum*
- *¼ TL frisch gemahlener schwarzer Pfeffer*
- *4 geschälte Ananasscheiben (je gut 1 cm dick), holziges Mittelstück entfernt*
- *4 Kugeln Vanille-, Kokos- oder salziges Karamelleis oder Frozen Yogurt*

1. Für die Glasur Butter und Honig in einem kleinen Topf auf mittlerer bis niedriger Stufe erwärmen, bis die Zutaten flüssig sind. Vom Herd nehmen. Rum und Pfeffer unterrühren.

2. Den Grill für direkte mittlere Hitze (175–230 °C) vorbereiten.

3. Den Grillrost mit der Bürste säubern. Die Ananasscheiben auf beiden Seiten großzügig mit Glasur bepinseln und über **direkter mittlerer Hitze** bei geschlossenem Deckel 6–8 Min. grillen, bis sie ganz weich und deutlich gemustert sind. Dabei die Scheiben einmal wenden und mit übriger Glasur bestreichen. Vom Grill nehmen.

4. Die warmen Ananasscheiben mit Eiscreme oder Frozen Yogurt in Dessertschalen anrichten und sofort servieren.

GEGRILLTE PFIRSICHE MIT RUM UND ZIMT

FÜR 4 PERSONEN
ZUBEREITUNGSZEIT: 15 MIN.
GRILLZEIT: 9–11 MIN.
ZUBEHÖR: GRILLZANGE

- *3 EL Butter*
- *2 EL Vollrohrzucker*
- *1 kräftige Prise gemahlener Zimt*
- *2 EL dunkler Rum*
- *4 reife, aber feste Pfirsiche*
- *4 Kugeln Vanilleeis (nach Belieben)*

1. In einem kleinen Topf die Butter mit dem Zucker auf mittlerer bis niedriger Stufe unter ständigem Rühren zerlassen, bis der Zucker nach etwa 3 Min. aufgelöst ist. Vom Herd nehmen. Zimt und Rum unterrühren. Beiseitestellen.

2. Den Grill für direkte mittlere Hitze (175–230 °C) vorbereiten.

3. Die Pfirsiche längs halbieren und entsteinen. Die Hälften in eine mittelgroße Schüssel geben, mit der flüssigen süßen Butter beträufeln und behutsam durchmischen, bis die Fruchthälften gleichmäßig mit Butter überzogen sind.

4. Den Grillrost mit der Bürste säubern. Die Pfirsichhälften aus der Schüssel nehmen, über der Schüssel kurz abtropfen lassen (übrige flüssige Butter aufbewahren) und mit den Schnittflächen nach unten über **direkte mittlere Hitze** auf den Rost legen. Bei geschlossenem Deckel 4–5 Min. grillen, bis die Unterseiten deutlich gemustert sind. Pfirsichhälften wenden und in die Mulden die restliche flüssige Butter aus der Schüssel löffeln. Die Pfirsiche bei geschlossenem Deckel weitere 5–6 Min. grillen, bis sie weich sind, aber noch nicht ihre Form verloren haben. Vom Grill nehmen.

5. Jeweils 2 warme Pfirsichhälften in vier Dessertschalen geben, nach Belieben je 1 Kugel Vanilleeis auf den Früchten anrichten und die Pfirsiche sofort servieren.

REGISTER

IMPRESSUM

Weber-Stephen Products LLC
Executive Board Director: Mike Kempster

Autor: Jamie Purviance
Projektleitung: Verena Kordick
Übersetzung: Susanne Vogel für Werkstatt München · Buchproduktion
Lektorat und Redaktion: Karen Dengler, Werkstatt München · Buchproduktion
Satz: Anja Dengler, Werkstatt München · Buchproduktion
Umschlag und Innenlayout: independent Medien-Design, München
Herstellung: Anna Bäumner
Reproduktion: Longo AG, Bozen
Druck und Bindung: Firmengruppe APPL, aprinta druck, Wemding

Bildnachweis: Produktion Rezeptfotos StockFood GmbH, München; Rezeptfotos sowie Klappe hinten außen (Die besten Kombis): Frank Weymann, Foodstyling Peter Schlezig; Klappen sowie Seite 5, 6, 36, 52, 64, 80: © Weber-Stephen Products LLC; Coverfoto, Seite 1: Mathias Neubauer, Foodstyling Manuel Weyer; Illustration: Shutterstock (Victor Metelskiy)

Dieses Buch gibt die Meinung des Autors wieder. Es soll Informationen zum Thema des Buches liefern, stellt aber keinerlei professionelle Dienstleistung seitens des Autors und des Verlags dar. Der Autor und der Verlag übernehmen keinerlei Verantwortung und Haftung für etwaige Schäden oder Risiken, persönliche und andersartige, die als direkte oder indirekte Folge des Gebrauchs und der Anwendung irgendeines der Inhalte dieses Buches auftreten.

ISBN 978-3-8338-6539-8

2. Auflage 2018

HINWEIS ZUR VERWENDUNG VON ALUMINIUMFOLIE:
In einigen Rezepten in diesem Buch wird Alufolie verwendet. Da salz- und säurehaltige Rezeptbestandteile Aluminium anlösen und auf das verpackte Lebensmittel übergehen lassen können, empfehlen wir den Einsatz von mit Backpapier beschichteter Alufolie (Back-Alufolie). Sie ist im gut sortiertem Lebensmittelhandel erhältlich.

QUALITÄTS G|U GARANTIE

Liebe Leserin, lieber Leser,

haben wir Ihre Erwartungen erfüllt? Sind Sie mit diesem Buch zufrieden? Haben Sie weitere Fragen zu diesem Thema? Wir freuen uns auf Ihre Rückmeldung, auf Lob, Kritik und Anregungen, damit wir für Sie immer besser werden können.

GRÄFE UND UNZER Verlag
Leserservice
Postfach 86 03 13
81630 München
E-Mail:
leserservice@graefe-und-unzer.de

Telefon: 00800 / 72 37 33 33*
Telefax: 00800 / 50 12 05 44*
Mo–Do: 9.00 – 17.00 Uhr
Fr: 9.00 – 16.00 Uhr
(gebührenfrei in D, A, CH)*

Ihr GRÄFE UND UNZER Verlag
Der erste Ratgeberverlag – seit 1722.

GRÄFE UND UNZER

Ein Unternehmen der
GANSKE VERLAGSGRUPPE

www.facebook.com/gu.verlag